AF402663

DU DROIT DE RÉTENTION

Nous nous proposons d'exposer la théorie du droit de rétention. Ce n'est pas que les études manquent sur ce sujet. Dans
le catalogue des thèses de doctorat, on relève jusqu'à neuf études sur cette théorie dans un espace d'années assez restreint.
Néanmoins, il ne nous paraît pas inutile de rechercher encore
avec soin, de bien préciser le véritable fondement du droit de
rétention, d'insister d'une manière toute spéciale sur ce point.
Une fois ce point de départ solidement établi, le restant de la
théorie de ce droit en découlera très simplement. Nous ferons
entrer d'ailleurs la jurisprudence dans le cadre de ce travail :
les recueils d'arrêts renferment des décisions récentes et importantes sur divers points de cette théorie.

Le droit de rétention est la faculté légale qui appartient, sous
certaines conditions, au détenteur d'une chose, créancier de
son propriétaire, de se refuser à la livrer jusqu'à l'entier acquittement de sa créance. Ainsi le dépositaire qui a fait des frais
pour garder ou conserver la chose à lui remise en dépôt, a le
droit de la retenir jusqu'à ce qu'il soit remboursé de ses avances (art. 1948 C. civ.) ; le cohéritier qui a fait des impenses
sur un fonds sujet à rapport, peut le retenir jusqu'au remboursement de ces impenses (art. 867 C. civ.). Il est inutile de
multiplier les exemples davantage. Quel est le véritable fondement de ce droit ? Pourquoi la loi positive l'a-t-elle reconnu ?

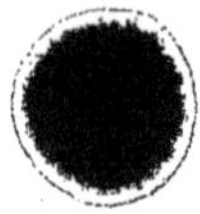

Un grand nombre d'auteurs pensent le justifier suffisamment en disant que, si de deux personnes liées entre elles par des obligations corrélatives, l'une se refuse à exécuter son obligation, l'équité permet à l'autre de se refuser à exécuter la sienne. D'abord, cette prétendue justification n'est-elle pas une simple affirmation, une pure pétition de principe ? Les fautes se compensent-elles entre elles, le dol excuse-t-il le dol, les voies de fait illégitimes justifient-elles la violence ? Non, au moins dans un grand nombre de cas ; par exemple, s'il est permis au légitime possesseur d'un objet de défendre sa possession contre la violence *moderatione inculpatæ tutelæ* (l. 1 C. *Unde vi*), ce n'est qu'à condition qu'il agisse sur-le-champ, et, une fois dépossédé, il ne lui serait pas permis de rentrer en possession de vive force (l. 3 § 9 D. *De vi et de vi armata*), il ne pourrait pas répondre à la violence par la violence. Pourquoi alors prétend-on établir comme un axiome dont l'évidence s'imposerait que, si de deux personnes liées entre elles par des obligations corrélatives, l'une manque à son engagement, l'autre a le droit de manquer au sien, de répondre à un manquement à la parole donnée par un manquement semblable ? On affirme ; il reste une démonstration à faire. Cette démonstration, nous nous proposons de la tenter bientôt. Au surplus, on fait ainsi reposer le droit de rétention sur une base trop étroite. Si la rétention se fondait exclusivement sur ce que, deux personnes étant liées par un même contrat ou quasi-contrat, celle qui ne peut obtenir l'exécution de l'engagement existant à son profit doit avoir la faculté à son tour de ne pas remplir le sien, on en devrait conclure qu'elle n'est pas opposable aux ayants cause à titre particulier de celui à qui elle était opposée. Le droit de rétention tomberait du moment où la chose sur laquelle il s'exerçait serait transmise en pleine propriété à un tiers, ce tiers acquéreur ne succédant pas aux obligations de son auteur. Il n'y aurait plus en présence deux personnes liées entre elles par des obligations corrélatives, mais un propriétaire revendiquant sa chose, et un détenteur de cette chose n'ayant aucune créance contre son propriétaire. C'est, en effet, un principe certain que les ayants cause à titre particulier ne succèdent pas aux obligations de leurs auteurs, bien que sa notion paraisse parfois obscurcie dans des travaux modernes. Le droit de rétention ne serait plus qu'une garantie illusoire.

Une autre explication, une autre justification du droit de rétention sont proposées. On le fait reposer sur le principe : nul ne peut s'enrichir injustement aux dépens d'autrui ; et l'on admet en même temps qu'il est opposable aux tiers (Mazelié, thèse de doctorat, année 1868, et Nicolas, thèse de doctorat, année 1871). C'est oublier les conditions dans lesquelles s'exerce ce droit. Supposez que le rétenteur prétende écarter ses créanciers, ou le tiers acquéreur de l'objet sur lequel s'exerce son droit, en invoquant le principe que nul ne peut s'enrichir injustement aux dépens d'autrui, ceux-ci lui répondront : Nous ne demandons pas à nous enrichir aux dépens de votre patrimoine, la chose sur laquelle portent vos réclamations a été vôtre, mais elle a cessé de vous appartenir, vous vous en êtes dépouillé purement et simplement, elle a été remplacée dans votre patrimoine par une créance bonne ou mauvaise, peu importe, à laquelle nous ne portons aucune atteinte. Si vous avez commis une faute en ne stipulant pas des garanties pour cette créance, c'est à vous à supporter les conséquences de votre imprudence, mais ce qui vous appartient maintenant, c'est uniquement cette créance. Et ce raisonnement, le débiteur même pourrait l'opposer à celui envers qui il ne remplit pas son obligation. Que répliquera celui qui prétend au droit de rétention ? On ne le recherche même pas, et c'est ce qu'il importerait de savoir. De plus, dans le cas de dépôt, dans le cas du second paragraphe de l'art. 2082 du Code civil et dans tous les cas semblables à ces hypothèses, la chose n'a jamais appartenu à son détenteur actuel : les cocréanciers ou le tiers acquéreur ne demandent donc pas à s'enrichir aux dépens de son patrimoine en prétendant exercer un droit sur elle.

Pour nous, nous croyons justifier le droit de rétention dans ses cas d'application les plus communs (nous le justifierons autrement pour les autres cas) en le rattachant à un principe plus général. Dans les conventions, c'est interpréter justement l'intention des parties que d'admettre que chacune d'elles a entendu faire de l'exécution de l'obligation de son cocontractant la condition de sa propre obligation ; c'est pourquoi le refus de l'une des parties donne lieu à la résolution du contrat et à la répétition de ce qui se trouve ainsi avoir été indûment payé (art. 1184 C. civ.). C'est interpréter justement cette intention, parce qu'on ne saurait admettre qu'une personne qui s'oblige ait entendu recevoir comme prix un engagement à son profit qui ne serait pas sérieux, qui ne serait qu'une apparence, un mensonge : à considérer les choses de haut, son engagement tombe véritablement faute de cause, n'a plus de raison d'être, du moment où l'obligation corrélative qui en était l'équivalent, la cause, n'est pas considérée comme sérieuse par celui-là même qui l'a contractée. Ce dernier ne peut pas tenir son engagement comme non obligatoire, comme sans valeur, quand on lui en demande l'exécution, et en même temps s'en prévaloir pour en exiger le prix. Le refus de l'un des contractants d'exécuter son engagement permet donc à l'autre partie de faire considérer son obligation comme définitivement anéantie ; *à fortiori* doit-il lui permettre de la faire considérer provisoirement comme n'existant pas, d'en suspendre l'exécution, c'est-à-dire d'exercer le droit de rétention. C'est un temps de répit, un délai de grâce donné au créancier en faute pour lui permettre de revenir à sa parole. Et cette rétention, il peut l'opposer même aux tiers, puisque la résolution définitive de l'art. 1184 leur est opposable. On peut encore dire que la condition sous laquelle le rétenteur s'était obligée n'est pas accomplie, que partant il n'y a pas d'action contre lui : *ante conditionem non recte agi, quum nihil interim debeatur* (l. 13 § 5 D. *De pign. et hyp.*). Dans cette explication de la rétention, le droit apparaît encore comme opposable aux tiers, puisque la condition, dans notre législation, produit des effets *in rem*, c'est-à-dire que, d'après une juste interprétation de la volonté des parties, elle porte sur tous les effets du contrat, sur la transmission des droits réels stipulée dans le contrat. — Les jurisconsultes romains, ces maîtres de notre science, avaient bien compris la justice de la répétition de ce qui a été donné *ob rem*, dans le but immédiat et apparent de faire naître un engagement corrélatif, par celui qui se voit refuser l'exécution de la promesse à lui faite : *Quod ob rem datur ex æquo et bono habet repetitionem, veluti si dem tibi ut aliquid facias, nec feceris* (l. 65 § 4 D. *De condict. indeb.*). Ils avaient été ainsi conduits à imaginer la *condictio causa data causa non secuta* dans la théorie des contrats innomés, qui était leur œuvre propre, et à reconnaître d'une manière plus générale encore la rétention.

Voilà la rétention parfaitement justifiée dans tous les contrats

où il y a lieu au droit de résolution de l'art. 1184 du Code
civil. Mais cet article n'est pas toujours applicable. Prenons le
dépôt. Un dépositaire, pour conserver la chose confiée à sa
garde, a fait des frais ; à quoi lui servirait de faire déclarer nul
le contrat de dépôt? à le faire résoudre? Ce contrat résolu, il
resterait tenu, comme détenteur, de remettre la chose à son
propriétaire ; les déboursés qu'il demande à recouvrer reste-
raient un fait accompli qu'il ne serait pas au pouvoir du juge
d'effacer ; il n'aurait aucun avantage à exercer une action en
ce sens. Le dépositaire pourrait-il prétendre se refuser à la
remise de la chose confiée à sa garde en disant : Mon obligation
de délivrance a pour cause, pour raison d'être l'engagement
pris à mon égard de m'indemniser des frais faits par moi pour
la conservation de cette chose ; elle tombe du moment où
votre refus de m'indemniser démontre que vous-même ne te-
nez pas cet engagement pour sérieux, pour valable? Nulle-
ment, car cette obligation de restituer dérive de ce que la
propriété de l'objet que le dépositaire prétend retenir appartient au déposant : si l'on considère le contrat comme nul,
comme résolu, elle n'en subsiste pas moins. Mais si l'action en
résolution de l'art. 1184, la demande de l'annulation définitive
du contrat de dépôt ne se conçoit pas, la rétention, en tant que
considérée comme annulation provisoire, ne se conçoit pas
davantage. Pourtant la loi accorde la rétention au dépositaire
pour dépenses faites à l'occasion du dépôt : art. 1948 C. civ.
Sur quoi se fonde la rétention dans ce contrat, comme dans les
autres situations où l'art. 1184 du Code civil n'est pas applicable, dans les divers cas où l'obligation de délivrance du rétenteur n'a pas pour simple cause une obligation corrélative à la
charge de son adversaire? Sur des considérations semblables à
celles qui ont fait établir le privilège du bailleur sur les objets
garnissant l'immeuble loué ou affermé, le privilège des aubergistes et voituriers sur les choses du voyageur qu'ils détien-
nent. C'est un avantage attaché à la possession, à la détention.
Celui qui reçoit la possession d'une chose dans un contrat pour
la conserver, y faire des impenses, pour rendre à l'occasion de
cette chose ou avec cette chose un service quelconque, a compté
sur cette valeur pour être payé. Les tiers paraissent d'ailleurs
suffisamment avertis par ce fait seul que la chose n'est plus
matériellement dans les mains de son propriétaire.

Pour étendre ce que nous venons d'exposer aux quasi-contrats, il suffit de remarquer que les quasi-contrats sont des faits juridiques qui produisent les mêmes obligations que s'il y avait eu contrat, *ex voluntate legis æquitatis causa :* leurs effets sont donc, en principe, les mêmes que s'il y avait eu contrat.

Nous verrons par la suite, en étudiant les conditions et les effets de la rétention, combien il importe de pénétrer les motifs sur lesquels ce droit est fondé dans ses diverses applications.

Quelles sont les conditions du droit de rétention?

La première de ces conditions, c'est que celui qui prétend l'exercer soit en possession, détienne l'objet : autrement *non erit unde retinere possim* (l. 14 § 1 D. *Com. divid.*). Des difficultés très sérieuses s'élèvent parfois en fait sur le point. de déterminer s'il y a détention. La Cour de cassation (29 nov. 1871, D. 71, 1,209) a décidé que le gérant révoqué d'une société de commerce ne peut exercer la rétention sur les livres de cette société, parce qu'il n'a jamais été en possession personnelle de ces livres ; ceux-ci, déposés dans la maison sociale, étaient en la possession exclusive de la société, ne pouvaient être détachés de cette maison à la volonté du gérant. La cour de Nancy a admis qu'après la délivrance du permis d'exploitation, le propriétaire qui a vendu une coupe de bois à un négociant ne peut plus exercer le droit de rétention, que le parterre de la coupe doit être censé être le magasin de l'acheteur, qui serait ainsi en possession du bois acheté (Nancy, 24 août 1844. D. R., au mot *Rétention*). Mais d'autres cours ont décidé le contraire (Orléans, 30 avril 1879 et 25 août 1880, D. 82, 2, 47; Bourges, 26 mars 1855, D. 55, 2, 308). Ces cours admettent pourtant la fiction de la cour de Nancy pour les arbres déjà abattus et mobilisés. Cela nous paraît contradictoire, et nous repoussons absolument cette fiction, parce qu'il n'y a que la loi qui puisse établir des fictions. La Cour de cassation a jugé qu'une clause spéciale du contrat de vente d'une coupe de bois pouvait écarter cette fiction qu'elle reconnaît ainsi implicitement que les arbres abattus sont censés livrés à l'acheteur (Cass., 20 août 1880, D. 81, 1, 39).

Ce serait une formule plus exacte de dire que la première condition du droit de rétention, c'est qu'il y ait une obligation de délivrance à exécuter. Ainsi, supposez un vendeur d'une chose de genre, de tant d'hectolitres de blé; si son cocontractant ne lui en offre pas le prix, il peut se refuser à faire remise de ce qu'il s'est engagé à fournir, suspendre l'exécution de son engagement, exercer le droit de rétention, ce qui ne suppose pas nécessairement qu'il ait en sa possession à ce moment le blé qu'il livrera, quand l'acheteur se montrera prêt à remplir sa propre obligation.

Faut-il que la possession du rétenteur soit pure de tout vice, qu'elle dérive *ex justa causa?* Assurément; si elle a pour origine une voie de fait, elle ne saurait servir de base à la rétention; on ne saurait admettre que le droit de rétention soit opposé à une action en réintégrande : *spoliatus ante omnia restituendus* (art. 1293 C. civ.). Mais le simple possesseur de mauvaise foi ne peut-il pas l'opposer ? Oui, il peut l'opposer, selon nous. Les art. 867 et 1673, qui accordent le droit de rétention pour impenses au cohéritier obligé au rapport et à l'acheteur à réméré subissant l'exercice du pacte de rachat, visent bien l'hypothèse d'un possesseur de mauvaise foi, puisque tout donataire sait qu'il peut être par la suite obligé au rapport, et que de même l'acheteur à réméré connaît la précarité de son titre, sait que par l'exercice éventuel du droit de rachat le contrat de vente sera rétroactivement anéanti, et qu'il se trouvera ainsi n'avoir jamais été propriétaire. A ceux qui objectent le principe : *nemo ex suo delicto meliorem conditionem suam facere potest*, nous répondons : L'origine de la possession du simple possesseur de mauvaise foi n'est pas considérée par la loi comme un délit, puisqu'il n'est pas *ipso facto* en demeure, et s'il était juste d'appliquer ce principe à cette situation, ce n'est pas le droit de rétention qu'il faudrait refuser au possesseur de mauvaise foi, mais la créance même en remboursement. Comment prétendre d'ailleurs que celui qui a reçu de mauvaise foi la possession de la chose d'autrui pour y faire des impenses dont il ne recouvrera que le montant, sans bénéfice, a amélioré ainsi sa position? Il y a quasi-contrat; la situation du possesseur de mauvaise foi doit donc être la même que s'il y avait eu contrat. Si le législateur trouve équitable d'accorder à ce possesseur la même action que s'il y avait eu contrat, pourquoi ne lui accorderait-il pas les mêmes garanties? Malgré ces raisons, la jurisprudence des cours d'appel s'est prononcée contre le possesseur de mauvaise foi (Bastia, 4 juillet 1856 ; D. 56, 2, 262 ; Rouen, 18 décembre 1856; D. 57, 2, 109; Grenoble, 10 juillet 1860 ; D. 62, 2, 40).

La Cour de cassation a aussi refusé la rétention à l'acquéreur d'un immeuble hypothéqué pour impenses d'amélioration (Cass., 14 nov. 1881; D. 82, 1, 168).

Le jurisconsulte romain Paul accordait la rétention au possesseur de mauvaise foi (l. 38 D. *De hered. pet.*). La loi 25 D. *De pign. et hyp.*, de Modestin, que certains interprètes du droit romain invoquent en faveur de l'opinion contraire, n'a pas la signification qu'on lui donne ; elle décide que, lorsqu'un contrat de gage est nul, il n'y a plus lieu à rétention ; cette décision, d'après nous, ne vise pas la rétention pour impenses, mais elle signifie que le gage ne vaudra pas plus par voie d'exception que par voie d'action, que le contrat tombe d'une manière absolue, ne produira aucun effet, à la différence de certains actes qui valent *exceptionis ope*, alors même qu'ils sont nuls *jure civili*.

Faut-il que celui qui prétend opposer la rétention soit créancier à raison de la chose qui en serait l'objet ? Faut-il, pour employer une expression consacrée par l'usage, qu'il y ait *debitum cum re junctum ?* Examinons cette question tout d'abord au point de vue purement rationnel. Si une personne prétend exercer la rétention sur une chose de son débiteur sans rapport aucun avec le contrat qui la rend créancière, et dont elle est devenue détentrice après ce contrat seulement, le propriétaire de cette chose ou ses ayants cause lui répondront avec raison, selon nous : Vous ne comptiez pas sur cette chose pour être payé, quand vous avez contracté avec moi ou avec votre auteur, puisque ce n'est que postérieurement à ce contrat que vous en avez acquis la possession, puisque vous ne pouviez pas prévoir que vous en deviendriez détenteur ; vous ne pouvez donc invoquer une convention tacite d'après laquelle cet objet vous servirait de garantie, à la différence du bailleur et des aubergistes et voituriers privilégiés sur les choses en leur possession, parce qu'ils les ont reçues lors du contrat, ou savaient lors du contrat qu'ils les recevraient plus tard ; vous ne pouvez pas davantage invoquer le principe de l'art. 1184 du Code civil, qui suppose des obligations corrélatives ; vous ne pouvez donner aucun fondement à votre prétention. Mais ce créancier aurait la ressource de faire saisie-arrêt sur lui-même, pour éviter la disparition de son gage, suivant une opinion que nous partageons avec MM. Pigeau et Chauveau, opinion qui a triomphé devant certaines cours d'appel et succombé devant d'autres : cette saisie n'équivaudrait pas à l'exercice du droit de réten-tion, elle permettrait le concours des autres créanciers. De même celui qui, ayant déjà en sa possession la chose d'autrui, a contracté avec son propriétaire, est non recevable à prétendre retenir cette chose en garantie, s'il a accordé un terme plus éloigné que l'époque où il doit restituer la chose en sa possession : il ne peut dès lors soutenir qu'il comptait sur cette chose pour se faire payer à l'échéance, sachant que la restitution en serait exigible avant sa créance, et n'ayant pas modifié à cet égard sa situation antérieure par une clause du nouveau contrat. Au contraire, si l'époque de l'exigibilité de la chose dont il était déjà en possession lors du contrat est postérieure à celle de l'exigibilité de sa créance, nous admettons qu'il a dû compter sur cette valeur appartenant à son débiteur pour obtenir son paiement : nous admettons la légitimité de la rétention par les mêmes considérations que celles qui ont fait établir le privilège du bailleur, celui des aubergistes et hôteliers, et le droit de rétention du dépositaire ou de l'acheteur à réméré. M. Cabrye, dans sa monographie sur le droit de rétention, soutient aussi que la condition du *debitum cum re junctum* doit être repoussée en équité ; mais il n'entre pas dans les distinctions que nous avons jugé nécessaire de présenter pour établir notre doctrine. Il prétend pouvoir s'appuyer sur l'autorité des jurisconsultes romains, mais les textes qu'il invoque ne nous paraissent pas suffisamment probants. Dans l'ancien droit, on n'exigeait pas la condition du *debitum cum re junctum,* suivant ce que rapporte Claude Serres (*Institution du droit français,* l. 2, t. VIII, § 1) : il dit qu'un engagiste peut retenir le fonds engagé jusqu'à ce que le débiteur lui ait payé non seulement le prix de l'engagement, mais encore les autres sommes qu'il peut lui devoir d'ailleurs au delà de l'engagement, et il ajoute : « Le créancier nanti dudit gage a droit de le retenir jusqu'à ce qu'il soit payé des sommes qui lui sont dues par le débiteur en capital et intérêts, outre et par-dessus celle qui fait le sujet de l'engagement, et cela même au préjudice d'un créancier antérieur et par préférence. » Le Code civil a admis notre

doctrine, avec les distinctions que nous avons présentées, dans
l'art. 2082, § 2 : il donne la rétention au créancier gagiste
pour dette contractée postérieurement de la part du même
débiteur envers le même créancier, exigible avant la première
dette. Certains auteurs prétendent qu'il y a là plus qu'un
simple droit de rétention, un gage tacite : c'est trop ajouter à
ce qu'exprime la loi, entrer dans l'arbitraire. Le même raisonnement est applicable pour faire reconnaître le droit de
rétention à celui qui a reçu la possession d'une chose au moment où en vertu du contrat même qui l'a rendu créancier :
l'art. 1479 du Code civil reconnaît ainsi ce droit au bailleur
expulsé par un acquéreur, en vertu d'une clause du bail, pour
la garantie des dommages-intérêts qui lui sont dus en pareil
cas. Devant des textes si clairs, nous nous étonnons avec
M. Cabrye que la généralité des auteurs indiquent comme
condition de la rétention la connexité de la dette avec la chose
sur laquelle s'exercerait ce droit. La Cour de cassation a admis
que le droit de rétention peut être exercé par un ouvrier à la
façon sur des marchandises façonnées pour le prix de façon
d'autres objets déjà remis, lorsqu'il a fait ses divers travaux en
exécution du même contrat (13 mai 1861, D. 61, 1, 328) ; par
le gérant d'une mine pour ses appointements sur les meubles
et outils faisant partie de son exploitation (17 janvier 1866, D.
66, 1, 77) ; par un avoué même sur les titres de son client pour
ses avances (10 août 1870, D. 71, 1, 40), et pourtant il n'y
avait pas dans ces cas *debitum cum re junctum*. La réclamation
du gérant de la mine ne portait pas sur des dépenses faites
pour l'achat, la conservation ou le perfectionnement de l'outillage ; celle de l'ouvrier à la façon ne portait pas sur le salaire
dû à l'occasion de la chose même qu'il demandait à retenir en
garantie, ni celle de l'avoué sur des avances faites pour conserver ou se procurer les titres de son client. Aussi les cours
d'appel de Paris et de Rouen, imbues de cette idée de la
nécessité d'un *debitum cum re junctum* pour autoriser la rétention, antérieurement à l'arrêt de la Cour de cassation dont
nous venons d'indiquer la jurisprudence à l'appui de notre
doctrine, avaient refusé cette garantie à l'avoué sur les titres de
son client (Paris, 25 août 1849, D. 49, 2, 196 ; Rouen, 12 décembre 1851, D. 54, 5, 71).

Le créancier d'une obligation naturelle peut-il opposer le

droit de rétention? C'est par une distinction qu'il faut résoudre cette question. Quand la rétention est fondée sur le principe de l'art. 1184 du Code civil, qu'elle consiste dans le refus d'un débiteur d'exécuter son obligation tant que l'obligation corrélative qui est la raison d'être, la cause de la sienne, n'est pas tenue pour sérieuse ou véritablement obligatoire par celui qui l'a contractée, alors elle est légitimement opposée au débiteur d'une obligation naturelle. Un exemple fera saisir la justesse de cette solution. Supposez un pupille qui achète un fonds sans l'autorisation de son tuteur; il ne contracte qu'une obligation naturelle, et ce sera à bon droit que le vendeur lui opposera la rétention, si lui-même ne veut pas remplir son obligation ou la faire ratifier par son tuteur, s'il prétend retirer de son contrat les avantages par lui stipulés sans en payer le prix : *atque si ab initio sine tutoris auctoritate emisset, ut scilicet ipse non teneatur, sed agente eo retentiones competant* (l. 7 § 1 D. *De rescind. vendit.*). Mais si la rétention est fondée simplement sur des considérations semblables à celles qui ont fait établir le privilège du bailleur, celui des aubergistes et voituriers ou le droit de rétention de l'acheteur à réméré, sur une simple concession tacite de garantie, alors elle serait vainement invoquée par le créancier d'une obligation naturelle. Pour faire saisir la portée et en même temps la justesse de cette proposition, donnons des exemples. Une personne détient la chose d'un mineur, en vertu d'un contrat de gage régulier; ce mineur contracte envers elle une nouvelle dette, sans autorisation du conseil de famille. Cette dette est nulle, et la disposition du second paragraphe de l'art. 2082 serait en vain invoquée par le créancier du mineur pour garantie de cette dette nulle, parce que le droit de rétention est fondé ici sur une simple concession tacite de garantie, et que le mineur est incapable de diminuer son patrimoine. Ou encore un mineur livre une chose à un ouvrier pour y faire des impenses voluptuaires sans utilité ; cette convention étant rescindée pour lésion, l'ouvrier ne saurait faire valoir sa créance par voie de rétention; le mineur n'a pu lui consentir pas plus tacitement qu'expressément un droit sur sa chose lésant ses intérêts.

La créance pour laquelle une personne prétend opposer le droit de réunion doit-elle être liquide? Nous admettons que

non, en nous appuyant sur un argument déduit de la disposition
de l'art. 1749 du Code civil, d'après laquelle le locataire expulsé
par l'acquéreur, en vertu d'une clause du bail, a la rétention
contre cet acquéreur pour garantie des dommages-intérêts qui
lui sont dus à raison de ce fait et qui sont indiqués dans les
art. 1744, 1745, 1746 de ce Code, dommages-intérêts qui, précisément, dans l'art. 1747, sont supposés n'être pas liquides,
et qui souvent ne le seront pas dans le cas de l'art. 1745. Nous
tirons encore un argument irrésistible, ce nous semble, de ce
que la saisie-arrêt est possible pour créances non liquides, à
charge de faire évaluer provisoirement le montant de la
créance par le juge. Cette solution est équitable. Elle est com-
mandée par la nécessité de sauvegarder l'intérêt de celui qui
invoque le droit de rétention. Elle ne porte pas un préjudice
sérieux au propriétaire de l'objet retenu, à qui nous reconnaissons le droit, par argument d'analogie déduit de la théorie de
la saisie-arrêt, de réclamer la restitution de cet objet, en exigeant que la créance du rétenteur soit évaluée par le juge, et
en consignant le montant de cette évaluation. Dans notre ancien droit, les ordonnances royales de 1539 et 1566 admettaient
la rétention pour créances non liquides à raison de réparations
et méliorations, suivant leurs termes mêmes, mais la dernière
de ces ordonnances exige que la créance soit liquidée dans le
mois pour tout délai, sinon la garantie de la rétention pourra
être remplacée par une caution bourgeoise et suffisante. Un
arrêt de la cour d'Agen a admis une opinion contraire à celle
que nous venons de défendre (Agen, 19 janvier 1842, D. R. au
mot *Rétention*, n° 52).

Dans quels cas y a-t-il lieu au droit de rétention? Ce droit
doit-il être admis limitativement dans les cas déterminés par
les lois, ou bien dans toutes les situations auxquelles conduit à
l'étendre l'argument : *ubi eadem ratio, ibi idem jus*, ou l'argument d'*à fortiori*? Nous admettons l'extension du droit de ré-
ention à tous les cas semblables à ceux qui son prévus dans
le Code. — Dans tous les contrats auxquels est applicable l'article 1184 du Code civil, le droit de rétention n'est pas discu-
table ; il s'impose comme conséquence des considérations qui
ont fait admettre l'action en résolution : l'art. 1612 n'est
qu'une application de ce principe que nous avons expliqué en
recherchant les fondements du droit de rétention. — Lorsqu'il

est fondé sur une convention tacite, sur ce que la personne
qui a reçu la possession d'une chose lors du contrat a compté
sur cette valeur pour être payée, nous ne comprendrions pas
pourquoi la loi qui l'accorde dans un cas, comme celui de dépôt
(art. 1948 C. civ.), entendrait le refuser dans une autre situation aussi digne d'intérêt, comme celle du mandataire. Nous
ne comprendrions pas un tel défaut d'harmonie, une partialité
aussi arbitraire, et, au surplus, comment résister à l'argument
tiré de la disposition de l'art. 1673 du Code civil, d'après
lequel la rétention appartient à l'acheteur à réméré pour impenses d'amélioration, après l'exercice du droit de rachat,
c'est à-dire à un créancier peu favorable, puisque cet acheteur
connaissait la précarité de son titre, était en somme un possesseur de mauvaise foi? — Nous l'accordons enfin dans toutes
les hypothèses analogues à l'hypothèse du second parag aphe
de l'art. 2082 du Code civil, c'est-à-dire toutes les fois qu'une
personne, ayant déjà la possession d'une chose d'autrui, con-
tracterait avec son propriétaire, ne lui accordant qu'un terme
plus rapproché que l'époque où il est obligé de lui restituer
sa chose, et cette extension, nous la faisons en vertu du principe *ubi eadem ratio, ibi idem jus*. Nous avons déjà examiné la
question particulière de savoir si la mauvaise foi est une cause
suffisante du refus de la rétention. — On fait contre l'extension de la rétention une objection qui paraît grave, et qui mé-
rite d'être réfutée avec soin. Les privilèges, dit-on, sont de
droit étroit; c'est ce qu'établissent les art. 2101, 2102, 2103 du
Code civil, qui procèdent par énumération limitative. Sans
doute, mais la rétention n'est pas un privilège dans le sens de
ces textes. Ces articles visent les privilèges qui confèrent
droit de préférence sur le prix des valeurs sur lesquelles ils
portent, souvent même en dehors de la condition de rétention; la rétention ne confère pas ce droit, elle n'est pas
un privilège *sensu stricto*. Mais cette réfutation de l'objection
qu'on nous oppose n'est pas suffisante; il faut considérer
les choses de plus haut. N'y a-t-il pas un motif spécial qui
a fait énumérer limitativement les privilèges des art. 2101,
2102, 2103, motif inapplicable à l'égard de l'extension
du droit de rétention? Oui, et c'est ce qui ruine l'objection qu'on nous oppose. Ces privilèges sont fondés sur des
causes diverses, nantissement tacite, faveur due à la modeste

créance des gens de service, charité due à celui qui a besoin de se procurer des subsistances, intérêt d'ordre supérieur pour les frais funéraires, etc... Si leur énumération n'était pas limitative, quelle anarchie s'ensuivrait dans la jurisprudence, comment déterminer les causes assez favorables pour donner naissance à un privilège et classer ensuite ces privilèges? Au contraire, les conditions du droit de rétention sont très précises et ne laissent rien à l'arbitraire du juge. A Rome, les cas dans lesquels la rétention pouvait être opposée n'étaient pas limitativement déterminés, à la différence des *privilegia*. Le droit de rétention ne dérivait pas, en effet, de la loi; c'était l'œuvre des jurisconsultes, qui se servirent de l'*exceptio doli* pour élargir ainsi le pur droit civil. Il pouvait donc être proposé dans tous les cas où il était fondé en équité, en l'absence de tout texte de loi. Rien ne nous prouve que l'on se soit écarté de ce principe dans notre ancien droit; si Doneau et Voët nous disent que ce droit est exercé *certis in causis, pluribus in causis,* cela ne doit pas être entendu en ce sens qu'il ne compéterait que dans les cas expressément déterminés, mais simplement que ce droit ne compète que dans certains cas ou sous certaines conditions, qu'il ne compète pas sans distinction à tout détenteur de la chose d'autrui, d'autant plus que ces auteurs, dans ces passages, ne font qu'interpréter le droit romain, où il est certain que la rétention n'est jamais fondée sur un texte exprès de la loi.

Le Code n'a pas reconnu la rétention dans une formule générale qu'il ne trouvait pas dans les législations antérieures; il a procédé comme les jurisconsultes romains, qui ne s'en occupaient qu'à l'occasion de tel ou tel contrat, et s'il a procédé comme ces jurisconsultes, on ne doit pas en conclure qu'il ait entendu consacrer une théorie autre que la leur, faire de la rétention un droit exceptionnel. — La cour de Bordeaux (14 janv. 1830, D. 30, 2, 89) et la cour de Rouen (15 juin 1860, D. 61, 5, 300) se sont prononcées pour la limitation du droit de rétention aux cas déterminés expressément par la loi. La Cour de cassation a, au contraire, admis que la loi n'est pas limitative en cette matière; ainsi elle a accordé la rétention au gérant d'une exploitation minière sur l'outillage de la mine (17 janv. 1866, D. 66, 1, 76); à l'avoué sur les pièces de procédure et sur les titres de son client (10 août

1870, D. 71, 1, 40) ; à l'ouvrier sur les pièces qu'il a façonnées (13 mai 1861, D. 61, 1, 328).

Nous concluons qu'il y a lieu au droit de rétention, en principe, toutes les fois qu'il y a lieu à remise d'une chose, que la créance de celui qui l'oppose soit liquide ou non, si celui qui l'oppose ne s'est pas mis en possession par une voie de fait illicite, et pourvu que sa possession ne soit pas de date postérieure à la naissance de sa créance ou, si elle est plus ancienne, pourvu que la chose ne fût pas exigible avant sa créance. La rétention ne peut être opposée pour garantie d'une obligation naturelle que si elle consiste dans une simple suspension de l'exécution du contrat.

Voilà le principe. Comporte-t-il quelques exceptions? Certains auteurs interprètent le second paragraphe de l'art. 1293 et l'art. 1885 du Code civil, qui déclarent que l'emprunteur ne peut pas retenir par compensation la chose qui lui a été prêtée à usage, en ce sens que le droit de rétention lui serait refusé. Nous repoussons cette interprétation, parce qu'elle aboutit à une interprétation irrationnelle, et parce que la rétention appartient au dépositaire (art. 1948 C. civ.), qui pourtant est mis sur la même ligne que l'emprunteur à usage dans l'article 1293. — Les droits du capitaine sur les marchandises par lui transportées pour paiement du fret sont réglés d'une manière spéciale par les art. 306 et suivants du Code de commerce. — Le mari peut-il exercer la rétention sur des immeubles de la femme inaliénables, en vertu du contrat de mariage, pour impenses d'améliorations? L'art. 1558 déclare que l'immeuble dotal n'est aliénable que pour dépenses indispensables de conservation, sous condition d'une autorisation de justice; nous ne saurions par conséquent admettre l'exercice du droit de rétention pour impenses d'améliorations. La jurisprudence paraît fixée dans le sens de notre opinion (D. R., *Contrat de mariage*, n° 3859). Nous admettrions la rétention pour impenses de conservation indispensables en exigeant que le caractère de nécessité de ces impenses fût reconnu en justice pour rentrer dans les conditions de l'art. 1558 du Code civil. — Le tribunal des conflits a admis, le 11 janvier 1879, qu'à la suite d'un arrêté préfectoral ordonnant la substitution de l'enseignement laïque à l'enseignement congréganiste dans la commune de Lambézellec et enjoignant aux personnes pré-

cédemment chargées de l'enseignement de remettre la maison
d'école au nouvel instituteur, cette maison d'école ne pouvait
être retenue pour impenses en opposition à cet arrêté (conflit
du préfet du Finistère, trib. confl., 11 janvier 1879, D. 79, 3,
65). Le même tribunal a décidé, le 22 décembre 1880, qu'un
décret prononçant la désaffectation d'un immeuble qui servait
d'école ecclésiastique pour le mettre à la disposition du mi-
nistre de l'instruction publique ne pouvait être mis en échec,
même provisoirement, par l'exercice du droit de rétention
pour impenses et améliorations (conflit du préfet de l'Allier,
trib. confl., 22 décembre 1880, D. 82, 3, 25). — Ces solutions
sont justes; de même que la compensation n'est pas ndmise
contre l'Etat, quand elle troublerait la comptabilité publique,
la rétention ne doit jamais pouvoir être invoquée pour tenir en
échec un acte administratif, même provisoirement, pour trou-
bler la gestion d'un intérêt public quelconque. D'ailleurs un
créancier de l'Etat ne court pas des risques de perte : *fiscus
semper solvendo censetur*. Nous admettrions la rétention exclusivement pour un bien du domaine privé de l'Etat non affecté à
un service public.

Faut-il au contraire étendre la rétention, en dehors de ses
conditions ordinaires, à l'hypothèse suivante? La jurisprudence
des pays de droit écrit reconnaissait à la femme le droit de
retenir la possession des biens de son mari jusqu'au paiement
de sa dot : *si in restituendo mora fiat, potest mulier remanere in
domo mortuaria* (Voët, ad *Pandectas*, lib. 24, tit. 3, § 6). Des
arrêts ont admis l'exercice de ce droit pour la femme dotale
sous l'empire du Code civil, même après une simple séparation
de biens (D. R. *Rétention*, nᵒ 29). Nous n'approuvons pas ces
décisions. La femme n'a pas été mise en possession des biens
du mari par un contrat : les conditions ordinaires du droit de
rétention font défaut, il n'a plus de fondement rationnel, on ne
peut le déduire d'aucun texte en vigueur par argument d'*à
fortiori* ou même d'analogie.

Nous avons maintenant à traiter des effets du droit de rétention.

La rétention produit-elle effet à l'égard des tiers, confère-
t-elle un droit opposable aux ayants cause à titre universel ou
à titre particulier du propriétaire de la chose sur laquelle elle
porte ?

C'est déjà une question controversée que de déterminer les
effets du droit de rétention dans la législation romaine ; on
trouve un exposé complet de cette controverse dans la thèse
de doctorat de M. Hédar, année 1874, Ire partie, ch. 2. Mais
dans notre ancienne jurisprudence des textes très précis con-
sidèrent ce droit comme ayant un caractère de réalité, comme
opposable aux tiers. *Jus retentionis est reale,* disait Dumoulin,
quia præfertur omnibus (sur Cout. de Paris, tit. 11, art. 138) ;
et ailleurs : *retentionis beneficio potior erit omnibus jus posterius
prætendentibus* (*Tractatus contractuum et usurarum*, quæstio 36,
n° 278). Claude Serres nous dit encore qu'il s'exerçait au préjudice d'un créancier antérieur (*Institution du droit français*,
liv. 2, tit. 8, § 1). On ne saurait admettre que le Code, pre-
nant la rétention dans la législation antérieure, ait entendu ne
l'admettre qu'avec un caractère autre que celui qui lui appar-
tenait à cette époque : si le législateur avait entendu innover
en cette matière, il s'en serait formellement expliqué ; on ne
saurait admettre une innovation qui ne s'appuie sur aucun argument de texte. D'ailleurs la doctrine de notre ancien droit
est rationnelle. Quand la rétention est fondée sur le principe
de l'art. 1184 du Code civil, sur cette considération que celui
qui ne tient pas sa propre obligation pour sérieuse ne saurait
demander à son cocontractant l'exécution d'un engagement qui
est le prix du sien propre, elle doit être opposable aux tiers
comme la résolution définitive même de ce contrat : une obligation sans cause sérieuse est nulle *erga omnes* ; une obligation
conditionnelle, avant l'événement de la condition ou si la condition défaille, ne vaut à l'égard de personne. Est-on, au contraire, dans une hypothèse où la rétention est fondée sur des
considérations semblables à celles qui ont fait établir le privilège du bailleur et des aubergistes et voituriers, sur une simple
concession tacite de garantie, on ne saurait admettre que les
parties aient entendu constituer une garantie aussi précaire
que celle qui résulterait d'une exception de rétention opposable au propriétaire de la chose seul, non à ses ayants cause ;
lorsque la loi veut protéger un créancier par une garantie, ce
serait un jeu indigne d'elle que de n'accorder qu'un droit
aussi illusoire. Le législateur de 1855, comprenant que la
rétention doit être considérée comme opposable aux tiers, a
exigé la transcription de tout acte constitutif d'antichrèse, dans

la loi du 23 mars 1855, art. 2. La Cour de cassation, dans un arrêt du 31 mars 1851, a décidé que le droit de rétention appartenant à l'antichrésiste est opposable aux ayants cause à titre particulier du propriétaire de l'objet sur lequel il s'exerce (Sirey, 51, 1, 306). Elle a admis la même doctrine en faveur du dépositaire (Cass., 8 déc. 1868, D. 69, t. 77) et en faveur du vendeur d'une coupe de bois (Cass., 2 août 1880, D. 81, 1, 39). D'ailleurs la Cour de cassation n'appuie par ses décisions sur des motifs propres à l'antichrèse, au dépôt, à la vente ; ses décisions ont donc une portée générale, et d'ailleurs elles sont invocables contre les créanciers chirographaires par *à fortiori*. La cour de Paris avait, au contraire, admis que l'antichrésiste ne peut opposer son droit de rétention aux créanciers hypothécaires de son auteur, tant postérieurs qu'antérieurs à la naissance de son droit (24 juillet 1852, Sirey, 52, 2, 657). Elle s'appuie sur ce que l'opinion qu'elle condamne aboutit à la création d'un véritable privilège, en dehors de tout texte de loi. A cette objection, nous répondons que, si la rétention avec les effets que nous lui reconnaissons est un privilège, on ne saurait dire que ce privilège n'est reconnu par aucun texte (l'art. 2087 du Code civil consacre expressément le droit de rétention de l'antichrésiste), et en second lieu que ce n'est pas un privilège *sensu stricto* : ce n'est pas ce que le Code désigne du nom de privilège dans les art. 2101 et suivants, où le législateur donne la théorie des privilèges et hypothèques. La rétention ne confère pas de droit de préférence sur le prix de son objet : elle permet simplement à celui qui est investi de ce droit de ne se dessaisir qu'après avoir reçu paiement complet, en sorte que les créanciers de son auteur ne peuvent saisir et vendre la chose qui en est l'objet qu'à charge par l'adjudicataire de désintéresser le rétenteur pour entrer en possession (Cass., 31 mars 1851, Sirey, 51, 1, 306).

Le droit de rétention est-il opposable à ceux qui ont sur la chose retenue un droit réel, autre que privilège ou gage, antérieur à la naissance de la rétention? Pour les immeubles, l'article 1138 du Code civil et la loi du 23 mars 1855 doivent être appliqués pour résoudre cette question. Pour les meubles, c'est le principe de l'art. 2279 du Code civil qu'il faut appliquer : en fait de meubles, possession vaut titre.

Est-il opposable à tous les cocréanciers privilégiés de celui qui l'invoque? Pour résoudre cette question, faisons une distinction. S'il est fondé sur le principe de l'art. 1184 du Code civil, il est opposable à tous les créanciers privilégiés, comme le droit même d'annulation définitive que consacre cet article, comme les conditions auxquelles sont parfois subordonnés les contrats. S'il a son fondement dans une convention tacite de garantie, sur des considérations semblables à celles qui ont fait établir le privilège du bailleur et celui des aubergistes et voituriers, on doit naturellement le déclarer opposable aux mêmes privilèges que ces derniers.

Pourquoi, lorsque la rétention est fondée sur les mêmes considérations que le privilège du bailleur et celui des aubergistes et voituriers, produit-elle des effets autres que ces privilèges? Ainsi le dépositaire a le droit simplement de retenir la chose à l'occasion de laquelle il a fait des dépenses, jusqu'à complet remboursement, mais il n'a pas le droit de la faire vendre en justice pour être payé par préférence sur le prix d'adjudication : l'aubergiste, qui n'est en somme qu'un dépositaire, qui n'a de privilège que par suite des mêmes considérations que celles qui ont fait accorder la rétention au dépositaire, parce qu'il a dû compter sur cette chose qu'il recevait lors du contrat pour assurer son paiement, possède ce droit au contraire. Comment expliquer ce défaut d'harmonie dans nos lois? Cela s'explique historiquement. Les jurisconsultes romains faisaient valoir en justice le droit de rétention par l'exception de dol, qui leur servait ainsi à élargir le droit civil; mais ils n'eurent pas la hardiesse d'aller plus loin, de donner un *privilegium* au rétenteur. Cela s'explique encore par cette considération que l'on n'a pas distingué assez nettement sur quels fondements repose le droit de rétention dans ses diverses applications. Quand il est fondé sur le principe de l'art. 1184 du Code civil, il ne peut produire d'autre effet que celui qui lui est généralement reconnu; c'est simplement une fin de non-recevoir contre toute demande en délivrance de l'objet retenu. Comment, par exemple, celui qui retient l'objet par lui vendu jusqu'à ce que son contractant se montre prêt à remplir son obligation en arguant de ce que, ce dernier ne tenant pas son obligation pour sérieuse, lui non plus ne doit pas exécuter la sienne, qui, dès lors, n'a pas de raison d'être, sur ce que la condition de son obligation n'est pas accomplie ou défaille, comment pourrait-il en même temps saisir cet objet et le faire vendre sur la tête de son cocontractant pour être payé par préférence sur le prix d'adjudication? Une telle saisie suppose que le contrat a produit son effet, est valable, a rendu propriétaire celui contre qui elle est exercée. L'exercice simultané de la rétention et du privilège du vendeur ne se comprend pas plus que l'exercice simultané du privilège et de l'action résolutoire de l'art. 1184 du Code civil. Mais ceux auxquels la loi accorde la rétentton par des considérations semblables à celles qui ont fait établir le privilège du bailleur et celui des aubergistes et voituriers, devraient avoir précisément les mêmes droits que ces derniers. — Nous admettons que le rétenteur a le droit de percevoir les fruits et de les imputer d'abord sur les intérêts, puis sur le capital même de sa créance. L'accessoire suit le sort du principal; les fruits ne sont d'ailleurs qu'une partie du principal qui s'en détache. Refuser la rétention sur les fruits serait rendre la garantie du créancier illusoire. L'obliger à les conserver sans les imputer sur ce qui lui est dû serait causer du tort au propriétaire comme au rétenteur de la chose, parce que de leur nature, en général, les fruits ne se conservent pas. La loi a d'ailleurs expressément admis cette solution pour le gage et l'antichrèse (art. 2081 et 2085 C. civ.). De cet article on tire un argument d'analogie puissant pour les cas semblables, pour tous les cas où la rétention est fondée sur une simple convention tacite de garantie. Quand elle est fondée sur le principe de l'art. 1184 du Code civil, qu'elle consiste à suspendre l'exécution du contrat, à se refuser à exécuter une obligation dont l'autre partie se refuse à payer le prix, les fruits ne sont pas dus, parce que remettre les fruits serait un acte d'exécution partielle du contrat.

La rétention se perd par la remise volontaire de la chose, qui, étant une renonciation à la possession, implique renonciation à un droit dont une des conditions d'exercice est précisément cette possession même. Dans le cas de l'art. 2102, § 4, du Code civil et dans celui de l'art. 576 du Code de commerce, la loi donne le *jus pœnitendi* à celui qui a fait remise de son droit de rétention pendant un certain délai. Si le détenteur est dépouillé contre son gré, il aura la réintégrande pour les immeubles, un droit de revendication pour les meubles fondé sur la disposition du second paragraphe de l'art. 2279 du

Code civil. Le rétenteur a un véritable droit réel, puisque son droit produit des effets *in rem* et que la réalité d'un droit se reconnaît à ses effets, d'après la définition même du droit réel, et pour le protéger il a les actions accordées par la loi pour la protection des droits réels d'une manière générale, en l'absence de tout texte dérogatoire. Nous ne comprenons pas la contradiction des auteurs qui ne veulent pas classer la rétention parmi les droits réels, tout en lui reconnaissant des effets *in rem.* C'est à la suite de M. Cabrye, dans sa *Monographie sur le droit de rétention,* que nous accordons ces garanties de la réintégrande et de la revendication au rétenteur. — Le débiteur, après trente ans écoulés depuis l'époque de l'exigibilité de sa dette, peut-il réclamer l'objet retenu en vertu de son droit de propriété, sans que celui qui est en possession puisse lui opposer le droit de rétention, à raison de la prescription de la dette? Si trente ans se sont écoulés depuis l'époque de l'exigibilité de sa dette, toute personne est présumée l'avoir acquittée : la prescription équivaut au paiement; donc cette même personne doit pouvoir réclamer les objets qui étaient le gage de sa dette, ou le prix de l'exécution de son engagement. La Cour de cassation a admis une solution contraire (Cass., 27 mai 1812, Sirey, 1813, 1, 85, et 25 nov. 1839, D. R., *Prescription civile,* p. 229, note 5). Voici son argumentation : Il est de l'essence des contrats que les obligations qui en naissent soient réciproques, de telle sorte que, si le créancier détenteur du gage ne peut en acquérir la propriété par prescription contre son débiteur, celui-ci ne peut de son côté obtenir par la même voie de la prescription l'extinction de la dette. Cette argumentation pèche en ce que, si le créancier gagiste ne peut prescrire, ce n'est point en vertu d'un contrat, c'est parce qu'il ne possède pas *animo domini;* d'autre part, on ne renonce pas par avance à la prescription (art. 2220 C. civ.), en sorte qu'admettre que le débiteur s'est tacitement obligé dans le contrat de gage à ne jamais arguer de la prescription pour réclamer la chose engagée et reconnaître cette obligation pour valable, c'est violer une disposition formelle de nos lois. On a prétendu encore que le maintien du gage dans les mains du créancier était une reconnaissance perpétuelle de la dette. Il faudrait, pour que ce fût vrai, que ce maintien impliquât nécessairement le non-paiement de la dette ; or, ne peut-il pas arriver qu'un créancier ne retire pas l'objet qu'il a donné en gage, en acquittant sa dette, soit par oubli ou ignorance, soit parce qu'il se propose de le retirer plus tard, attendant une occasion favorable de transport, où pour un autre motif?

Paris — Imprimerie de Ch. Noblet, 13, rue Cujas.